CADERNO DE ATIVIDADES

3

Com resumo dos conteúdos

Organizadora: Editora Moderna
Obra coletiva concebida, desenvolvida e produzida pela Editora Moderna.

Editora Executiva:
Marisa Martins Sanchez

NOME: ....
....TURMA: ....
ESCOLA: ....
....

1ª edição

© Editora Moderna, 2019

Elaboração de originais:

Christina Binato
Licenciada em Letras pela Universidade Mackenzie. Editora.

Débora Lima
Licenciada em Letras pelas Faculdades São Judas Tadeu. Editora.

Márcia Maria Villanacci Braga
Licenciada em Pedagogia pelo Centro Universitário Assunção. Pós-graduada em Psicopedagogia pela mesma instituição. Professora do Ensino Fundamental em escolas particulares. Orientadora Educacional do Ensino Fundamental em escola particular.

Marisa Martins Sanchez
Licenciada em Letras pelas Faculdades São Judas Tadeu. Professora dos Ensinos Fundamental e Médio em escolas públicas e particulares. Editora.

Coordenação editorial: Marisa Martins Sanchez
Edição de texto: Ofício do Texto Projetos Editoriais
Assistência editorial: Ofício do Texto Projetos Editoriais
Gerência de *design* e produção gráfica: Everson de Paula
Coordenação de produção: Patricia Costa
Suporte administrativo editorial: Maria de Lourdes Rodrigues
Coordenação de *design* e projetos visuais: Marta Cerqueira Leite
Projeto gráfico: Adriano Moreno Barbosa, Daniel Messias, Mariza de Souza Porto
Capa: Bruno Tonel
   Ilustração: Raul Aguiar
Coordenação de arte: Wilson Gazzoni Agostinho
Edição de arte: Teclas Editorial
Editoração eletrônica: Teclas Editorial
Coordenação de revisão: Elaine Cristina del Nero
Revisão: Ofício do Texto Projetos Editoriais
Coordenação de pesquisa iconográfica: Luciano Baneza Gabarron
Pesquisa iconográfica: Ofício do Texto Projetos Editoriais
Coordenação de *bureau*: Rubens M. Rodrigues
Tratamento de imagens: Fernando Bertolo, Joel Aparecido, Luiz Carlos Costa, Marina M. Buzzinaro
Pré-impressão: Alexandre Petreca, Everton L. de Oliveira, Marcio H. Kamoto, Vitória Sousa
Coordenação de produção industrial: Wendell Monteiro
Impressão e Acabamento: NB Impress

Lote 781.335
Cod 12120269

Dados Internacionais de Catalogação na Publicação (CIP)
(Câmara Brasileira do Livro, SP, Brasil)

Buriti plus : português : caderno de atividades / organizadora Editora Moderna ; obra coletiva concebida, desenvolvida e produzida pela Editora Moderna ; editora executiva Marisa Martins Sanchez. – 1. ed. – São Paulo : Moderna, 2019. – (Projeto Buriti)

Obra em 5 v. para alunos do 1º ao 5º ano.

1. Português (Ensino fundamental) I. Sanchez, Marisa Martins. II. Série.

19-25846   CDD-372.6

Índices para catálogo sistemático:
1. Português : Ensino fundamental 372.6

Maria Alice Ferreira — Bibliotecária — CRB-8/7964

ISBN 978-85-16-12026-9 (LA)
ISBN 978-85-16-12027-6 (LP)

Reprodução proibida. Art. 184 do Código Penal e Lei 9.610 de 19 de fevereiro de 1998.
Todos os direitos reservados
EDITORA MODERNA LTDA.
Rua Padre Adelino, 758 – Belenzinho
São Paulo – SP – Brasil – CEP 03303-904
Vendas e Atendimento: Tel. (0__11) 2602-5510
Fax (0__11) 2790-1501
www.moderna.com.br
2023
Impresso no Brasil

1 3 5 7 9 10 8 6 4 2

Neste *Caderno de Atividades*, você encontrará uma grande variedade de atividades para exercitar ainda mais seus conhecimentos de gramática e de ortografia.

Logo no início, há uma seção chamada Lembretes com o resumo de conteúdos estudados no 3º ano. Você pode recorrer a ela para refrescar a memória, caso tenha se esquecido de algum conceito.

Ao final de cada bloco de atividades há uma seção chamada Desafio. Fique atento para encontrar alguns erros de gramática e de grafia das palavras.

Esperamos que você sinta prazer em usar este *Caderno* e que ele o ajude a ficar craque em língua portuguesa!

Os editores

SUMÁRIO

Lembretes	5
Linguagem: formal e informal	14
CH, LH e NH	15
Variação regional de vocabulário	17
Diferença entre fala e escrita	19
Desafio	21
R e RR	22
Ponto-final e ponto de interrogação	24
Letra R	25
Desafio	27
Ponto de exclamação	28
M e N antes de consoante	30
Família de palavras	32
S e Z	34
Desafio	36
Masculino e feminino	37
Sílaba tônica	39
Singular e plural	41
Acentuação de palavras monossílabas e de oxítonas	43
Desafio	45
Diminutivo	46
INHO/INHA e ZINHO/ZINHA	48
Aumentativo	50
Divisão silábica	52
Desafio	54
O substantivo na frase	55
G e GU	57
Adjetivo	59
L ou R no meio da sílaba	61
Desafio	63
Verbo de ação	64
C e QU	66
Verbo de estado	68
S, SS, C e Ç	70
Desafio	72
Dois-pontos e travessão	73
Uso de til e de M ou N	75
Verbo que indica fenômeno da natureza	76
X	78
Desafio	80

Variedades da língua

Linguagem formal: usada em documentos oficiais e em cartas a pessoas com quem não se tem intimidade ou quando se fala com autoridades. Na linguagem formal, respeitam-se as regras gramaticais.

→ *Sua Excelência, o governador, irá à inauguração.*

Linguagem informal: usada entre familiares e amigos, em cartas, bilhetes, diário etc. Na linguagem informal, podem ser usadas gírias e expressões populares.

→ *A galera vai à balada hoje.*

Variação regional de vocabulário: uso de palavras e expressões próprias das diversas regiões do país. Falar de modo diferente não significa falar errado.

→ *Ei, **guri**, venha aqui! (Rio Grande do Sul)*

→ *Ei, **menino**, venha aqui! (São Paulo)*

Expressões da língua portuguesa: expressões que não têm exatamente o significado das palavras que as compõem. São exclusivas do idioma português.

→ *Chutar o balde = desistir de um projeto.*

Diferença entre fala e escrita: na fala, a vogal E pode soar como I, e a vogal O pode soar como U, principalmente quando se fala depressa. Por isso, é preciso prestar atenção ao escrever. Nem sempre as palavras são escritas do modo como são faladas.

Divisão silábica

As letras dos grupos SS, RR, SC, SÇ e XC ficam em sílabas separadas.

→ *ma**s**-**s**a-gem, ca**r**-**r**e-to, a-do-le**s**-**c**en-te, cre**s**-**ç**o, e**x**-**c**e-len-te*

As letras dos grupos CH, LH, NH, GU e QU não se separam.

→ ***ch**a-lé, ro-**lh**a, ca-ri-**nh**o, ré-**gu**a, a-**qu**i-lo*

5

LEMBRETES

Pontuação

As frases sempre terminam com um sinal de pontuação.

Ponto-final (.): indica final de frase afirmativa ou negativa.

→ *Estamos na mesma classe.* → *Não estamos na mesma classe.*

Ponto de interrogação (?): indica uma pergunta.

→ *O que você vai ser quando crescer?*

Ponto de exclamação (!): indica pedido, ordem ou emoções (surpresa, medo, admiração, alegria etc.).

→ *Que pena!*

Travessão e dois-pontos: na escrita, as falas das personagens podem ser indicadas por **aspas** (" ") ou por **travessão** (—). Para introduzir as falas, usam-se **dois-pontos** (:).

→ *O menino criava coragem para falar com seu pai. No pensamento, ensaiava o que diria: "Pai, eu sei que não devia ter agido daquele modo...". Mas na hora de falar, saiu simplesmente:*

— Desculpe, pai!

Letras

H

A letra H junta-se às letras C, L e N formando os grupos CH, LH e NH. Cada um desses grupos de letras representa um som diferente.

→ *chega, mulher, linha*

Na divisão silábica, as letras desses grupos não são separadas:

→ *che-ga, mu-lher, li-nha*

6

LEMBRETES

R e RR

R: som forte em início de palavra.
→ *Rafael, remédio, riqueza, rosto, rubi*

R: som fraco entre vogais.
→ *arara, peru, carinho, caroço*

R: som forte depois de consoantes.
→ *enrugado, desrespeito*

RR: som forte e só aparece entre vogais
→ *amarrar, torre, sorriso, carroça, arruinado*

> Nunca use RR em início de palavra.

C e QU

C e QU representam o som K quando:
- a **letra C** é seguida de A, O e U;
- o **grupo QU** é seguido de E e I.
  → *camada, questão, quinze, coragem, cuidado*

> CA, QUE, QUI, CO, CU

G e GU

G e GU representam o som G (guê) quando:
- a **letra G** é seguida de A, O e U;
- o **grupo GU** é seguido de E e I.
  → *galeria, foguete, guitarra, goleiro, guru*

> GA, GUE, GUI, GO, GU

S e Z

A **letra S** tem som Z quando está entre vogais.
→ *casaco, frase, asilo, vaso, casulo*

A **letra Z** tem som S quando está no final da palavra.
→ *capaz, rapidez, aprendiz, algoz, capuz*

LEMBRETES

S, SS, C e Ç

O som S pode ser representado pelas letras S, SS, C e Ç.

Letra S: som S em começo e final de palavra ou em começo e final de sílaba.

→ *saco, pires, ensaboar (en-sa-bo-ar), custo (cus-to)*

Grupo SS: só aparece entre vogais e nunca inicia palavras; o som é sempre S.

→ *massa, avesso, assim, passo, assustar*

Letra C: som S antes das vogais E e I.

→ *cenoura, cinema, tolice, macio*

Letra Ç: só aparece antes das vogais A, O e U e nunca inicia palavras; o som é sempre S.

→ *alçapão, açougueiro, açude*

X

A letra X pode representar diferentes sons.

Som CH → *bruxa, peixe, bexiga, baixo, enxugar*

Som Z → *exame, executivo, exílio, exótico, exuberante*

Som S → *sexta, excursão, expansão*

Sons CS → *texano, boxe, asfixia, fluxo, assexuado*

M e N antes de consoante

Usa-se a letra **M** antes das consoantes B e P.

→ *tromba, também, comprovem*

Usa-se a letra **N** antes das outras consoantes.

→ *redonda, dengo, elefante*

L ou R no meio da sílaba

Em várias palavras da língua portuguesa, a letra **L** ou a letra **R** aparece entre a consoante e a vogal em uma mesma sílaba.

→ com-**ple**-to, bi-ci-**cle**-ta, li-**vr**o, pol-**tr**o-na

Sílaba tônica

É a sílaba mais forte da palavra, aquela pronunciada com mais intensidade.

De acordo com a posição da sílaba tônica, a palavra tem a seguinte classificação.

- **Oxítona:** quando a sílaba tônica é a última.
  → diver**são**, vo**cê**, vo**vô**, in**glês**
- **Paroxítona:** quando a sílaba tônica é a penúltima.
  → co**le**te, **á**gua, **mun**do, cri**an**ça
- **Proparoxítona:** quando a sílaba tônica é a antepenúltima.
  → **sé**culo, **fá**brica, **lâm**pada

Acentuação de palavras monossílabas e de oxítonas

Palavras monossílabas

Quando têm pronúncia forte, as monossílabas são chamadas **tônicas**; quando têm pronúncia fraca, são chamadas **átonas**.

Monossílabas tônicas terminadas pelas vogais A, E ou O, seguidas ou não de S, recebem acento agudo ou circunflexo.

→ m**á**, r**é**, s**ó**, tr**á**s, m**ê**s, n**ó**s

Palavras oxítonas

São acentuadas as oxítonas que terminam em A, E, O, EM, seguidos ou não de S.

→ caj**á**, lil**ás**, jacar**é**, voc**ês**, jud**ô**, rob**ôs**, tamb**ém**, parab**éns**

9

LEMBRETES

Som nasal

Til (~): sinal gráfico usado sobre as letras A e O para indicar que o som é nasal.

→ trov**a** – trov**ão**

As **letras M e N** em **final de sílaba** indicam a **nasalização** das vogais A, E, I, O, U.

→ b**o**de – b**on**de   → b**a**ba – b**am**ba   → s**e**ta – s**en**ta

→ pr**a**to – pr**an**to   → jap**i** (ave) – jap**im** (ave)   → b**u**bo (coruja) – b**um**bo

Substantivo

Palavra que dá nome a todos os seres reais ou imaginários.

Uma das funções do substantivo na frase é indicar quem pratica a ação.

Gêneros do substantivo: masculino e feminino.

- **Substantivo masculino:** pode vir acompanhado dos **artigos o**, **os**, **um**, **uns**.
  → **o** neto, **os** filhos, **um** filme, **uns** brinquedos
- **Substantivo feminino:** pode vir acompanhado dos **artigos a**, **as**, **uma**, **umas**.
  → **a** neta, **as** filhas, **uma** família, **umas** conversas

Graus do substantivo: diminutivo e aumentativo.

- **Grau diminutivo:** indica diminuição de tamanho, carinho ou desprezo, acrescentando-se ao substantivo as terminações **inho/inha**, **zinho/zinha**, **eco**, **ebre**, **ejo** etc.

  → Ganhei mais um carrinho para minha coleção. → tamanho

  → Você fez uma comidinha gostosa para nós. → carinho

  → Que jornaleco! Só tem fofoca! → desprezo

- **Grau aumentativo:** indica aumento de tamanho, carinho ou desprezo, acrescentando-se ao substantivo as terminações **ão**, **ona**, **alha**, **arra**, **aço/aça** etc.

→ O vizinho tem um cachorr**ão**. → tamanho

→ Ela é uma mãez**ona**. → carinho

→ Lá vem o adivinh**ão** da turma! → desprezo

- Também podemos indicar os graus **diminutivo** e **aumentativo** de um substantivo usando **adjetivos** que indicam diminuição ou aumento.
  → menino **pequeno** = menininho
  → menino **grande** = meninão
  → forno **enorme** = fornalha

Números do substantivo: singular e plural.

- **Substantivo singular:** um só elemento.
  → aluno, altar, ás, cartaz

- **Substantivo plural:** mais de um elemento.
  → alun**os**, altar**es**, as**es**, cartaz**es**

Para formar o **substantivo plural**:

- **acrescenta-se S**, se as palavras terminarem em vogal.
  → peixe – peixe**s**, bambu – bambu**s**

- **acrescenta-se ES**, se as palavras terminarem em R, S e Z.
  → praze**r** – prazer**es**, convé**s** – convese**s**, no**z** – noz**es**

INHO/INHA e ZINHO/ZINHA

Usa-se **INHO/INHA** para formar o diminutivo.

→ laço – lac**inho**   → rapaz – rapaz**inho**

→ muro – mur**inho**   → boneca – bonequ**inha**

Quando o substantivo tem S na sílaba final, essa letra é mantida.

→ bol**s**o – bol**sinho**   → prince**s**a – prince**sinha**

Usa-se **ZINHO/ZINHA** quando o substantivo não tem S na sílaba final.

→ café – cafe**zinho**   → amor – amor**zinho**

LEMBRETES

Família de palavras

Grupo de palavras que tem origem na mesma palavra.
→ *ferro, ferreiro, ferradura, férreo, ferroviária*

Adjetivo

O adjetivo indica característica do substantivo. Pode ser uma qualidade, um defeito, o modo de ser, a aparência.

O adjetivo sempre concorda com o substantivo.

- **substantivo** masculino singular + **adjetivo** masculino singular
  → *homem* **alto**
- **substantivo** feminino singular + **adjetivo** feminino singular
  → *professora* **dedicada**
- **substantivo** masculino plural + **adjetivo** masculino plural
  → *meninos* **espertos**
- **substantivo** feminino plural + **adjetivo** feminino plural
  → *mulheres* **corajosas**

<u>Adjetivo pátrio:</u> indica o país, o estado, a cidade ou a região de origem de pessoas, coisas ou animais.

→ *perfume* **francês**   → *cavalo* **árabe**
→ *comida* **nordestina**   → *chapéu* **mexicano**
→ *estudante* **brasileiro**   → *chocolate* **belga**

Verbo

Palavra que indica ação, estado de um ser ou fenômeno da natureza.

Os verbos sempre aparecem no dicionário com as terminações AR, ER, IR ou OR.

Verbo de ação: exprime movimento, indica que alguém está fazendo alguma coisa.

→ *acordar, correr, dormir, propor*

→ *Estêvão* **correu** *a meia maratona da cidade.*
             verbo de ação

Verbo de estado: indica uma característica ou o estado de um ser, isto é, como ele está se sentindo. Os verbos de estado vêm seguidos de adjetivo.

→ *ser, estar, ficar, parecer, permanecer, continuar*

→ *Tânia* **está** *muito feliz com o resultado dos exames.*
       verbo   adjetivo
   de estado

Verbo de fenômeno da natureza: indica os fenômenos que ocorrem na natureza.

→ *chover, trovejar, amanhecer, ventar*

→ *Em 2018,* **nevou** *em algumas cidades da região Sul do Brasil.*
         verbo de fenômeno
           da natureza

Linguagem: formal e informal

1. Leia o quadro de avisos da Escola Pingo de Gente.
   > Escreva F para linguagem formal ou I para linguagem informal.

2. Reescreva as falas usando linguagem informal.

Ortografia: CH, LH e NH

1 A professora do 3º ano pediu aos alunos que pesquisassem nomes de pessoas que começam com a letra **H**.

> Veja a lista que Murilo trouxe:

H

Haroldo
Hebe
Heitor
Helena
Heloísa
Hildebrando
Homero
Honório
Hortência
Hugo
Humberto

a) Leia os nomes em voz alta.

b) A letra **H** no início das palavras representa algum som?

☐ Sim.   ☐ Não.

2 Complete o nome das figuras.

  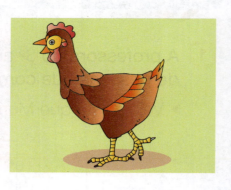

_____uveiro   mu_____er   gali_____a

3 Complete as palavras com **CH**, **LH** ou **NH**.

a) ca_____imbo   d) maravi_____a   g) mi_____oca

b) co_____er   e) ba_____o   h) _____uva

c) vizi_____a   f) _____ocolate   i) fi_____ote

> Agora, leia essas palavras em voz alta, observando seus diferentes sons.

4 Forme novas palavras acrescentando a letra **H**.

a) cama ➡ _____   f) vela ➡ _____

b) fila ➡ _____   g) sono ➡ _____

c) bico ➡ _____   h) cão ➡ _____

d) mina ➡ _____   i) fica ➡ _____

e) bola ➡ _____   j) taco ➡ _____

5 Agora, faça o inverso: tire a letra **H** e forme novas palavras.

a) telha ➡ _____   c) galho ➡ _____

b) tocha ➡ _____   d) molha ➡ _____

6 Adivinhe o que é: tem cabeça, tem dentes, tem barba, não é bicho nem é gente! _____

Dica
A resposta é uma palavra com **LH**.

Variação regional de vocabulário

1 Ligue as colunas para indicar o significado das palavras, de acordo com a variação regional de vocabulário.

guri (Rio Grande do Sul)	sinal de trânsito
piá (Paraná)	menino
levado da breca (São Paulo)	dinheiro
malemá (Cuiabá, MT)	travesso
mufunfa (Bahia)	objetos em geral
farol (São Paulo)	mais ou menos
trem (Minas Gerais)	

2 Existem muitas palavras diferentes para dar nome ao dinheiro.

a) Sublinhe no quadro aquelas que têm o mesmo significado da palavra **dinheiro**.

cobra – cobre	pau – madeira	dinda – dindim	prata – prato
grama – grana	tutu – tatu	gota – gaita	bufunfa – bufante

b) Agora, encontre no diagrama as palavras que você sublinhou.

S	P	B	C	**D**	I	N	H	I	B
Y	A	G	A	**I**	T	A	M	G	U
B	U	D	I	**N**	D	I	M	R	F
Z	X	V	M	**H**	P	X	M	A	U
C	O	B	R	**E**	L	T	R	N	N
L	R	U	K	**I**	L	U	A	A	F
Ç	P	Z	P	**R**	A	T	A	D	A
A	X	Z	Y	**O**	N	U	F	M	A

17

3 A maneira como as pessoas falam em certas regiões ou grupos revela que há uma variação na pronúncia de algumas palavras.

a) Leia este poema.

Para dizerem milho dizem mio

Para melhor dizem mió

Para pior pió

Para telha dizem teia

Para telhado dizem teiado

E vão fazendo telhados.

Oswald de Andrade. Vício na fala.
Em: <i>Obras completas 7:</i> poesias reunidas.
Rio de Janeiro: Civilização Brasileira, 1974.

b) Sublinhe os pares de palavras com o mesmo significado.

c) Preencha o quadro com as duas formas.

Linguagem formal	
Pronúncia popular de algumas regiões do interior paulista	

d) Observe com atenção o que muda na pronúncia de cada par de palavras e complete as frases.

O dígrafo LH _____.

O R final transformou-se em _____.

4 Pinte com a mesma cor cada trio de palavras com o mesmo significado usadas em diferentes regiões do Brasil.

mandioca	mexerica	aipim
bergamota	reparar	tangerina
picuá	macaxeira	sacola
observar	embornal	assuntar

18

Diferença entre fala e escrita

1 Leia a tirinha.

a) Marque com um X o que é correto afirmar sobre as falas de Chico Bento.

☐ As falas são escritas exatamente do modo como Chico Bento fala.

☐ Chico Bento fala como uma criança que vive no campo.

☐ Chico Bento não sabe falar corretamente.

b) Reescreva os textos dos balões de Chico Bento usando a linguagem formal.

1º balão

2º balão

2 Releia a tirinha da página anterior.

a) Encontre nos balões de Chico Bento as palavras que deveriam ser escritas com **E**, mas foram escritas com **I**. Reescreva-as corretamente.

_____

b) Agora, anote as palavras da tirinha que deveriam ser escritas com **O**, mas foram escritas com **U**.

_____

c) Explique por que as palavras foram escritas daquela forma.

_____
_____

3 Falta neste trava-língua uma palavra que se repete várias vezes.

O _____ perguntou pro _____
qual é o _____ que o _____ tem.
O _____ respondeu pro _____
que não tem _____ pra dizer pro _____
que o _____ do _____
é o _____ que o _____ tem.

Da tradição popular.

a) Descubra que palavra é essa e escreva-a nos espaços indicados, completando o trava-língua.

b) Leia o trava-língua em voz alta e rapidamente.

➤ Como soou a letra **O** da palavra encontrada?

_____

➤ No trava-língua, há outras três palavras que são escritas com a letra **O**, mas, quando são lidas rapidamente, soam como a letra **U**. Quais palavras são essas?

_____

DESAFIO

Algumas figuras foram parar no lugar errado! Descubra quais são e circule-as.

✓ Agora, escreva o nome de todas as figuras que pertencem a cada quadro.

H → _____

CH → _____

LH → _____

NH → _____

21

R e RR

1 Leia este poema.

Papai está resfriado

Papai, quando espirra,
Eu juro, é confusão,
Aviões caem do céu,
Árvores rolam no chão.
Melhor não chegar perto,
Pega fogo na floresta,
Cria gelo no deserto.

Papai, quando espirra,
Eu juro, ninguém aguenta,
Pois cai o cabelo da cabeça
E no lugar nasce polenta.
Olha, vem vindo ele, enfim,
Chega, para, se prepara,
E estronda: aaaatchim!

Sérgio Capparelli. *111 poemas para crianças*.
Porto Alegre: L&PM, 2008.

Leia em voz alta para observar o som da letra **R**.

▸ Sublinhe as palavras do poema de acordo com o código.

——— R no início de palavras (som forte)

≡≡≡ RR entre vogais (som forte)

- - - - R entre vogais (som fraco)

2 Forme novas palavras trocando **R** por **RR**.

a) muro ➡ _____

b) carão ➡ _____

c) moro ➡ _____

d) caro ➡ _____

e) coreto ➡ _____

f) coro ➡ _____

3 Complete corretamente a frase com *fraco* ou *forte*.

> A letra **R** também tem som _____ no meio da palavra, quando está em começo de sílaba e depois de consoante.

▸ Agora, circule as palavras que servem de exemplo para a frase que você completou.

fogueira   enrugado   carroça   abalroar

22

4) Complete a cruzadinha seguindo as pistas.

1. Animal que, nas fábulas, faz artimanhas para enganar os outros.
2. Primeiro mês do ano.
3. Ave de mau agouro.
4. Animal considerado pouco inteligente.
5. Animal que late.
6. Passarinho que canta.
7. Enganar alguém.
8. Tornar muito frio; congelar.
9. Símbolo usado nos endereços eletrônicos: @.
10. Manha, choro sem motivo.
11. Objeto escolar para medir.
12. Muita raiva.
13. Animal que constrói teia.
14. Inseto cascudo que voa e produz um zumbido.
15. Anfíbio parecido com sapo.
16. Mentira; história mal contada.

Dica
Todas as palavras têm R ou RR!

Ponto-final e ponto de interrogação

1 Leia esta definição.

> **Frase** é um conjunto de palavras organizadas que apresenta uma ideia com sentido completo.

> Pinte o sinal de 🟢 quando a afirmação for **verdadeira** e de 🔴 quando for **falsa**.

a) A frase declarativa pode ser afirmativa ou negativa e termina com ponto de interrogação.

b) A frase declarativa termina com ponto-final.

c) A frase interrogativa indica uma pergunta e sempre termina com ponto-final.

2 Observe as imagens e escreva frases usando a pontuação pedida.

a) _____

b) _____

c) _____

24

Letra R

1 Marque as palavras que apresentam som de R fraco.

☐ careta ☐ calor ☐ merenda

☐ barata ☐ rótulo ☐ enrolado

☐ carteira ☐ areia ☐ perigo

2 Como é o som do R depois de consoante: forte ou fraco? _____

3 Nas palavras abaixo, o R é forte ou fraco?
O que você observou para dar a resposta?

rato   roupa   redondo   riacho

_____

_____

4 Faça o que se pede.

a) Leia as palavras em voz alta e observe como é o som do R.

porta   certo   tarde

b) Você conhece alguém que fala o R dessas palavras de maneira diferente de você? Como essa pessoa fala?

_____

_____

25

5 Leia um trecho da canção *Aquarela*.

Numa folha qualquer
Eu desenho um sol amarelo
E com cinco ou seis retas
É fácil fazer um castelo

Corro o lápis em torno da mão
E me dou uma luva
E se faço chover, com dois riscos
Tenho um guarda-chuva [...]

Toquinho. Aquarela.
Em: *Aquarela*. São Paulo: Ariola, 1983.

a) Copie três palavras da canção que têm **R** com som forte.
_____
_____

b) Copie uma palavra da canção que tem a letra **R** com som fraco.
_____

6 Faça o que se pede.

a) Escreva duas palavras que você conhece e que têm **R** com som fraco.
_____
_____

b) Escreva duas palavras que você conhece e que têm **R** com som forte.
_____
_____

DESAFIO

O senhor Manoel vende de tudo em seu armazém! Observe.

- Leia a seguir a lista de produtos que geralmente são vendidos pelo senhor Manoel. Descubra e circule os que estão em falta no armazém.

Nome com R forte	Nome com RR	Nome com R fraco
repolho	carrinho	tesoura
rádio	borracha	farinha
robô	torradeira	pirulito
ralo	arroz	fechadura
roupa	macarrão	peruca
régua	ferro	vassoura
rolha	cachorrinho	coroa
relógio	serrote	mamadeira
	jarra	lapiseira

- Copie os nomes que você circulou.

   R forte ➡ _____

   RR ➡ _____

   R fraco ➡ _____

27

Ponto de exclamação

1 Leia o texto a seguir.

O cachorro

Do quarto próximo, chega a voz irritada da arrumadeira:

— Meu Deus! a gente mal estende a cama e já vem esse cachorro deitar em cima! Salta daí pra fora!

E Lili, muito formalizada:

— Finoca! O *cachorro* tem nome!

Mario Quintana. *Lili inventa o mundo*.
São Paulo: Global, 2005.

a) Assinale o que cada ponto de exclamação expressa nas frases abaixo.

— Meu Deus! a gente mal estende a cama e já vem esse cachorro deitar em cima!

☐ tristeza ☐ alegria ☐ irritação

— Salta daí pra fora!

☐ ordem ☐ medo ☐ admiração

— Finoca! O *cachorro* tem nome!

☐ susto ☐ felicidade ☐ indignação

b) Por que você acha que a palavra **cachorro** está destacada na última frase do texto?

_____

_____

_____

2 Crie frases exclamativas usando as ideias contidas nas frases abaixo. Veja o exemplo.

a) Finoca faz bagunça na casa.

admiração → *Quanta bagunça Finoca faz na casa!*

b) Finoca deu um salto enorme.

surpresa → _____

c) O dia estava lindo para Lili passear com Finoca.

alegria → _____

d) O menino bateu o dedão no pé da cama.

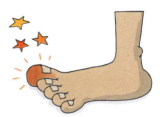

dor → _____

e) Finoca deve sair do recinto.

ordem → _____

M e N antes de consoante

1 Leia o texto.

Um lugar de ribombos e gorgolejos...

Na Nova Zelândia existe um lugar chamado Tikitere, na cidade de Rotorua, onde a terra faz muitos barulhos estranhos... É um campo imenso com crateras de enxofre fervente. Muitos sons surgem do subterrâneo e são espalhados pelo vento, criando efeitos sonoros originais e únicos. Dizem que a terra parece ribombar e gorgolejar. Você imagina como são esses sons?

Carla Caruso. *Almanaque dos sentidos*. São Paulo: Moderna, 2009.

Fonte termal em Rotorua, Nova Zelândia.

a) Sublinhe com um traço as palavras que têm N antes de consoante.
   ➤ Circule nelas a consoante que vem depois da letra N.

b) Sublinhe com dois traços as palavras que têm M antes de consoante.
   ➤ Circule nelas a consoante que vem depois da letra M.

2 Leia as palavras abaixo e sublinhe a consoante que vem depois das letras **M** e **N**.

ambiente	ancorar	injeção	imperador	ontem
embalagem	índio	enlatado	enquadrar	inveja
sombra	enfermeiro	sempre	honra	enxugar
embate	engenheiro	amparar	ansioso	onze

➤ Depois, complete as frases e dê exemplos de cada caso.

a) Usa-se **M** antes das consoantes _____ e _____.

   Exemplos: _____

b) Usa-se _____ antes de todas as outras consoantes.

   Exemplos: _____

3 Junte as partes e escreva a palavra que você formou.

o + m + bro → _____

u + m + bigo → _____

po + m + ba → _____

ga + m + bá → _____

sa + m + ba → _____

ta + m + bor → _____

ca + m + balhota → _____

lâ + m + pada → _____

ca + m + po → _____

4 Escreva o nome das figuras.

_____   _____   _____

_____   _____   _____

Família de palavras

1 Leia esta receita.

Amanteigado com goiabada. Em: *TudoGostoso*.
Disponível em: <http://mod.lk/amanteig>. Acesso em: 7 jun. 2019.

a) Copie na segunda coluna da tabela as palavras da receita que pertencem à mesma família das palavras da primeira coluna.

manteiga		
goiaba		
preparar		
bola		
cola		
assar		
próximo		
ouro		
render		

b) Escreva outra palavra da mesma família na terceira coluna da tabela.

2 Separe as palavras e escreva-as na tabela.

> Identifique a palavra "intrusa" em cada família.

a) amornamoradoamorosoamorosidadeamortecido

Palavra intrusa: _____

b) velhicevelhoteenvelhecervelocidadevelho

Palavra intrusa: _____

c) embarcarbarcobarqueiroembaralhadoembarcação

Palavra intrusa: _____

3 Escreva o nome da figura e outras duas palavras que sejam da mesma família.

1. Leia a tirinha.

a) Copie a palavra em que a letra **Z** tem som **S**. _____

b) Copie a palavra em que a letra **S** tem som **Z**. _____

2. Encontre na tirinha:

a) uma palavra com **S** em final de sílaba; _____

b) uma palavra com **S** no final; _____

c) uma palavra com **SS**. _____

▶ Qual é o som das letras **S** e **SS** nas palavras acima?

☐ Som **S**.   ☐ Som **Z**.

3. Junte as sílabas pela cor e forme dez palavras.

▶ Agora, organize essas palavras no quadro.

Palavras com S	
Palavras com Z	

34

4 Complete as palavras dos pares.

a) gentil → gentileza
b) pobre → pobre____a
c) triste → triste____a
d) grande → grande____a
e) belo → bele____a
f) singelo → singele____a

> Qual letra você usou para completar as palavras acima? Que som ela tem?

_____

5 Faça o mesmo com estes pares de palavras.

a) chinês → chinesa
b) inglês → ingle____a
c) marquês → marque____a
d) freguês → fregue____a
e) camponês → campone____a
f) francês → france____a

> Qual letra você usou para completar as palavras acima? Que som ela tem?

_____

6 Agora, complete estas palavras.

a) chafari____
b) nari____
c) rai____
d) matri____

> Qual letra você usou para completar as palavras acima? Que som ela tem?

_____

7 Observe as figuras e escreva as palavras correspondentes.

_____ _____ _____ _____

> Considerando as palavras escritas acima, copie somente as que têm **S** com som **Z**.

DESAFIO

A professora do 3º ano pediu aos alunos que escrevessem um texto sobre uma casa mal-assombrada.

✓ Leia um trecho da história de uma das alunas da turma.

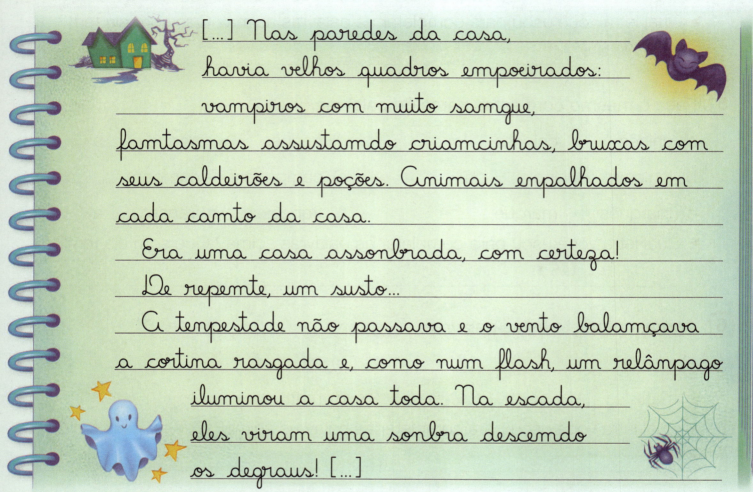

[...] Nas paredes da casa, havia velhos quadros empoeirados: vampiros com muito samgue, famtasmas assustamdo criamcinhas, bruxas com seus caldeirões e poções. Animais enpalhados em cada camto da casa.
Era uma casa assonbrada, com certeza!
De repemte, um susto...
A tenpestade não passava e o vento balamçava a cortina rasgada e, como num flash, um relânpago iluminou a casa toda. Na escada, eles viram uma sonbra descemdo os degraus! [...]

A professora elogiou o texto, mas chamou a atenção da aluna para a troca de algumas letras.

✓ Quais letras foram trocadas? Circule-as no texto.
✓ Agora, escreva as palavras que você circulou, corrigindo-as.

M antes de consoante → _____

N antes de consoante → _____

Masculino e feminino

1 Ligue as colunas. Depois, nos quadrinhos em branco, classifique as palavras em feminino ou masculino.

o   pata →

a   pato →

os   gêmeas →

as   gêmeos → _____

2 Forme o feminino acrescentando a letra **A** no final das palavras. Fique de olho na acentuação das palavras!

a) cantor → _____   d) japonês → _____

b) doutor → _____   e) português → _____

c) professor → _____   f) francês → _____

3 Agora, forme o feminino de acordo com os exemplos abaixo.

leão – leoa   irmão – irmã

pavão → _____   capitão → _____

leitão → _____   campeão → _____

peão → _____   órfão → _____

dragão → _____   cidadão → _____

37

4 Numere a segunda coluna indicando o feminino das palavras da primeira coluna.

1	marido	☐	mulher
2	pai	☐	égua
3	padrinho	☐	abelha
4	compadre	☐	cabra
5	padrasto	☐	nora
6	genro	☐	dama
7	vovô	☐	cadela
8	cavalheiro	☐	vaca
9	cavaleiro	☐	madrinha
10	frade	☐	mãe
11	zangão	☐	amazona
12	carneiro	☐	madrasta
13	bode	☐	comadre
14	boi	☐	vovó
15	cavalo	☐	freira
16	cão	☐	ovelha

5 Preencha os espaços em branco com os substantivos correspondentes no masculino ou no feminino, conforme o caso.

_____	rainha	ator	_____
cunhado	_____	herói	_____
_____	espiã	patrão	_____

Sílaba tônica

1 Leia a reportagem a seguir.

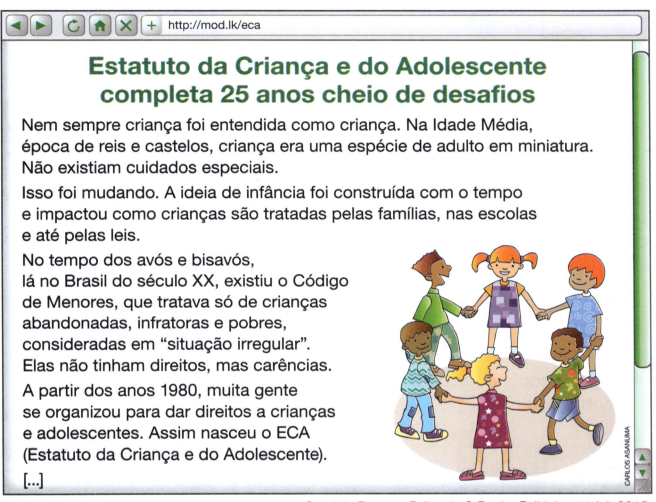

Gabriela Romeu. Folha de S.Paulo. Folhinha. 11 jul. 2015. Disponível em: <http://mod.lk/eca>. Acesso em: 7 jun. 2019.

a) Separe as sílabas destas palavras.

| época | criança | bisavós |

_____ ☐   _____ ☐   _____ ☐

b) Circule a sílaba tônica de cada palavra.

c) Agora, escreva **O** para a palavra oxítona, **P** para a paroxítona e **PP** para a proparoxítona.

2 Encontre no texto sobre o Estatuto da Criança e do Adolescente palavras oxítonas, paroxítonas e proparoxítonas e anote-as no quadro.

Oxítona	Paroxítona	Proparoxítona

3 Copie do texto duas palavras com acento agudo usado sobre a, e ou o.

_____

> Leia essa palavra em voz alta. O som da letra acentuada é aberto ou fechado? _____

4 Agora, copie do texto uma palavra com acento circunflexo usado sobre a, e ou o.

_____

> Leia essa palavra em voz alta. O som da letra acentuada é aberto ou fechado? _____

5 Escreva duas frases com palavras do quadro.

> forte   intensidade   agudo   paroxítona
> posição   tônica   fechado

_____
_____
_____

Singular e plural

1 Complete as lacunas do texto de acordo com o que você aprendeu sobre a forma plural dos substantivos.

> Para formar o plural dos substantivos, acrescentamos _____ no final de palavras terminadas em **vogal** e _____ no final de palavras terminadas em **R**, **S** ou **Z**.

2 Complete o quadro com as palavras que faltam. Atenção à acentuação das palavras!

Substantivo singular	Substantivo plural
	cruzes
	fatores
gás	
	familiares
matriz	
	siameses
albatroz	

3 Marque com um X a alternativa em que o plural está correto.

a) ☐ quartel – quartéis
b) ☐ capitão – capitões
c) ☐ fogão – fogãos
d) ☐ farol – faroles

4 Somente em uma das alternativas abaixo todas as palavras recebem o acréscimo de **ES** para compor o plural. Marque com um X essa alternativa.

a) ☐ humor, mulher, anel
b) ☐ cor, hambúrguer, hotel
c) ☐ colher, cor, chafariz
d) ☐ rumor, chafariz, céu

41

5 Complete a cruzadinha.

1. Plural de **cicatriz**.
2. Singular de **chafarizes**.
3. Plural de **gás**.
4. Singular de **elefantes**.
5. Singular de **ingleses**.
6. Plural de **colher**.
7. Plural de **nariz**.

Acentuação de palavras monossílabas e de oxítonas

1 Leia o trecho do poema a seguir, de Flavio de Souza.

Devaneando...

Todas as crianças têm o direito
de fazer o que todas as outras podem,
os direitos são os mesmos para todas.
E, não são só alguns, são todos mesmo,
e todas, independente da idade,
na praia, no campo, na cidade.

Todas as crianças, sem exceção,
podem e devem, sem inibição,
brincar, antes de mais nada.
E, por gosto, por curiosidade,
por interesse, por amizade,
contar piada e dar muita risada.
[...]

Flavio de Souza. *Direitos universais das crianças e dos jovens*. São Paulo: FTD, 2015.

a) Circule as palavras monossílabas do poema.

b) Copie somente os monossílabos tônicos.

2 Escreva as palavras do quadro em uma das colunas da tabela, de acordo com sua classificação.

> café   lê   nas   pá   caqui   se

Monossílabos tônicos	Monossílabos átonos	Oxítonas

> Observe as palavras da última coluna e responda: todas as palavras oxítonas são acentuadas?

_____

3 Assinale as palavras oxítonas e acentue-as quando necessário.

☐ sofa ☐ chafariz ☐ robo
☐ sala ☐ cambuci ☐ cantor
☐ sagu ☐ fregues ☐ neto

4 Dê exemplos de palavras oxítonas.

> Não vale repetir as palavras que você leu até aqui!

a) Palavra oxítona terminada em A. _____

b) Palavra oxítona terminada em E. _____

c) Palavra oxítona terminada em I. _____

d) Palavra oxítona terminada em O. _____

e) Palavra oxítona terminada em U. _____

f) Palavras oxítonas terminadas em EM e ENS. _____

> Por que você acentuou algumas dessas palavras?

_____

DESAFIO

O professor do 3º ano propôs para a turma o **Desafio do Gênero**: ele entregou aos alunos fichas contendo o masculino e o feminino de alguns substantivos.

bode	maestrina	galo	galinha
pardoca	jabota	jabuti	herói
professor	heroína	cabra	professora
doutor	doutora	maestro	pardal

Cada aluno deveria preencher uma cartela com os pares de palavras. Vanessa preencheu parte da cartela. Observe:

Substantivo masculino	Substantivo feminino
doutor	doutora
professor	professora
galo	galinha

Ajude Vanessa a completar a cartela com as palavras das fichas restantes.

Substantivo masculino	Substantivo feminino

Diminutivo

1 Leia a tirinha.

NÍQUEL NÁUSEA — Fernando Gonsales

a) Sublinhe os substantivos que estão no grau diminutivo.

b) Reescreva no grau normal os substantivos que você sublinhou.

_____

2 Marque com um X os substantivos que estão no grau diminutivo.

- ☐ pratinho
- ☐ sofazinho
- ☐ caranguejo
- ☐ faquinha
- ☐ carinho
- ☐ batatinha
- ☐ filmeco
- ☐ vizinha
- ☐ casebre
- ☐ colarinho
- ☐ farinha
- ☐ animalejo

▸ Escreva no grau normal os substantivos que você assinalou.

_____

_____

3 Escreva as palavras no grau diminutivo, de acordo com o que se pede nos parênteses.

pai ➡ _____
(substantivo + terminação indicando carinho)

mãos ➡ _____
(substantivo + adjetivo indicando diminuição de tamanho)

jornal ➡ _____
(substantivo + terminação indicando desprezo)

4 Identifique as frases de acordo com a legenda.

1 diminutivo formado de substantivo + terminação

2 diminutivo formado de substantivo + adjetivo

☐ João comprou um **carrinho** para o filho.

☐ Apesar de seu tamanho, tem **pés minúsculos**.

☐ Aquela criança é um **amorzinho**!

☐ Só mesmo esse **povinho** para discordar da justa decisão!

☐ Minha filha é a **princesinha** da família!

☐ O coitado ficou sócio de um **clubeco**.

☐ **Empresa pequena** não produz em grande escala.

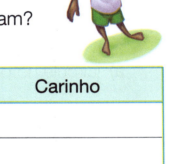

▶ O que as expressões e os substantivos destacados indicam? Organize-os no quadro.

Diminuição de tamanho	Desprezo	Carinho

5 Leia estes poemas de Sérgio Capparelli.

Verão

A brisa,
No verão,
Solfeja
Andorinhas
Nos fios
Elétricos.

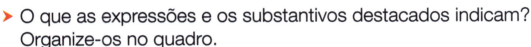

Entardecer

"Fogo-pagô... pagô!":
As rolinhas em coro
Mandam o sol se pôr.

Sérgio Capparelli.
111 poemas para crianças.
Porto Alegre: L&PM, 2008.

▶ Em um dos poemas há uma palavra no grau diminutivo. Circule-a.

INHO/INHA e ZINHO/ZINHA

1 Leia este poema de Vinicius de Moraes.

O elefantinho

Onde vais, elefantinho
Correndo pelo caminho
Assim tão desconsolado?
Andas perdido, bichinho
Espetaste o pé no espinho
Que sentes, pobre coitado?

— Estou com um medo danado
Encontrei um passarinho!

Vinicius de Moraes. *A arca de Noé*.
São Paulo: Companhia das Letras, 2004.

a) Circule no poema as palavras terminadas em **INHO**.

b) Entre as palavras que você circulou, quais são diminutivos? Anote.

_____

_____

2 Escreva o diminutivo destes outros animais.

a) cão ➡ _____   d) raposa ➡ _____

b) perdiz ➡ _____   e) urso ➡ _____

c) foca ➡ _____

48

3 A graça do poema *O elefantinho* está em pensar se é possível um animal tão grande como o elefante sentir medo de um animal tão pequeno quanto o passarinho.

> Agora, o poeta é você! Complete o poema com o nome de outros animais. Escolha o nome de um animal bem grande para colocar no primeiro verso e o nome de um animal pequenininho para colocar no último verso. Depois, ilustre o espaço em torno do poema e dê um título para ele.

_____

Onde vais, _____
Correndo pelo caminho
Assim tão desconsolado?
Andas perdido, bichinho
Espetaste o pé no espinho
Que sentes, pobre coitado?

— Estou com um medo danado
Encontrei um _____!

Aumentativo

1 Forme o aumentativo das palavras usando a terminação ÃO/ONA.

a) pastel → _____

b) menino → _____

c) faca → _____

d) amiga → _____

e) panela → _____

f) criança → _____

2 Forme o aumentativo das palavras usando ALHA, AÇO e ARRA.

a) muro → _____

b) gol → _____

c) boca → _____

d) bala → _____

e) bico → _____

f) intriga → _____

3 Reescreva as frases substituindo os substantivos e adjetivos destacados pelas palavras do quadro.

> naviarra   barcaça   fornalha   homenzarrão   merendona

a) O **homem enorme** precisou baixar a cabeça para atravessar a porta.

_____

b) Aquele **navio enorme** atracou no porto ontem.

_____

c) Uma **ampla barca** foi utilizada para transportar grãos.

_____

d) As crianças comeram uma **grande merenda** na hora do intervalo.

_____

e) Para assar a pizza, só mesmo usando um **forno gigante**!

_____

4 Na lista a seguir, há outras terminações usadas para indicar o aumentativo.

> Observe:

- **-arão**: casarão
- **-eirão**: vozeirão
- **-ázio**: copázio
- **-orra**: patorra
- **-aréu**: fogaréu

> Escreva a palavra que formou os aumentativos da lista que você leu, conforme o exemplo.

casarão ➡ casa

vozeirão ➡ _____

copázio ➡ _____

patorra ➡ _____

fogaréu ➡ _____

5 Complete a frase de acordo com a personagem, usando o aumentativo.

a) O Lobo Mau tinha uma _____ que podia comer a Vovozinha de uma vez só.

b) O Burro ficou surdo com os fogos de artifício, e Shrek teve que gritar no seu _____.

c) Bela assustou-se na primeira vez que a Fera falou com ela, pois ele tinha um _____.

ILUSTRAÇÕES: CARLOS ASANUMA

Divisão silábica

1 Separe as sílabas das palavras a seguir. Depois, escreva no quadrinho quantas sílabas tem cada uma.

a) casa: _____ ☐

b) árvore: _____ ☐

c) cal: _____ ☐

d) caderneta: _____ ☐

2 Complete as frases usando as palavras do quadro.

> dissílaba   polissílaba   monossílaba   trissílaba

a) Se a palavra tem quatro ou mais sílabas, ela é _____.

b) A palavra _____ tem apenas duas sílabas.

c) Uma palavra é _____ quando tem somente uma sílaba.

d) Quando tem três sílabas, a palavra é chamada de _____.

3 Separe as sílabas das palavras. Depois, classifique cada uma em 1 para monossílaba, 2 para dissílaba, 3 para trissílaba e 4 para polissílaba.

livro ➡ _____ ☐   bolsa ➡ _____ ☐

um ➡ _____ ☐   sensível ➡ _____ ☐

chave ➡ _____ ☐   mochila ➡ _____ ☐

maracujá ➡ _____ ☐   chá ➡ _____ ☐

anjo ➡ _____ ☐   caderno ➡ _____ ☐

campeão ➡ _____ ☐   melancia ➡ _____ ☐

televisão ➡ _____ ☐   sabonete ➡ _____ ☐

4 Leia a tirinha.

GARFIELD — Jim Davis

a) Sublinhe as palavras com as letras **CH**, **LH**, **NH**, **GU** ou **QU**.

b) Separe as sílabas das palavras que você sublinhou.

_____

c) Agora, separe as sílabas das palavras abaixo.

fagulha ➡ _____ guepardo ➡ _____

d) Assinale a afirmação correta, de acordo com o que você observou ao dividir as sílabas das palavras nos itens **b** e **c**.

☐ As letras dos grupos **CH**, **LH**, **NH**, **GU** e **QU** separam-se quando a palavra é dividida em sílabas.

☐ As letras dos grupos **CH**, **LH**, **NH**, **GU** e **QU** não se separam quando a palavra é dividida em sílabas.

5 Separe as sílabas das palavras a seguir.

a) pessoal ➡ _____ d) desço ➡ _____

b) carroça ➡ _____ e) exceção ➡ _____

c) consciente ➡ _____ f) excesso ➡ _____

➤ Assinale a afirmação correta, de acordo com o que você observou ao dividir as palavras acima em sílabas.

☐ As letras dos grupos **SS**, **RR**, **SC**, **SÇ** e **XC** separam-se quando a palavra é dividida em sílabas.

☐ As letras dos grupos **SS**, **RR**, **SC**, **SÇ** e **XC** não se separam quando a palavra é dividida em sílabas.

DESAFIO

Os alunos do 3º ano deveriam fazer cartazes com palavras no AUMENTATIVO e no DIMINUTIVO, mas cometeram alguns erros.

✓ Circule as palavras coladas no cartaz incorretamente.

O substantivo na frase

1 Circule nas frases o substantivo que realiza a ação. Depois, sublinhe a ação.

a) Serafina escreve no diário quase todos os dias.

b) Na casa do avô Nonô, Serafina brinca com vários animais: o papagaio, o cachorro e até uma galinha!

c) Seu Nonô ensinou a Odorico o nome de Serafina.

d) O danado do Odorico comeu toda a espiga de milho com suas bicadas.

2 Leia o título deste livro.

> O título é composto de duas frases.

a) Qual é a ação da primeira frase?

_____

b) E quem realiza a ação da primeira frase?

_____

c) Na segunda frase, qual é a ação?

_____

d) E quem realiza a ação na segunda frase?

_____

3 Leia esta página do diário de Prático, um dos Três Porquinhos.

12 de março de 2019.

Querido diário,

Desculpe por escrever somente hoje, meu dia ontem foi uma loucura! Ontem eu e meus dois irmãos tivemos a ideia de construir uma casa para morarmos.

Cícero, que é o mais preguiçoso de nós três, construiu uma casa de palha bem depressa e foi correndo xeretar o que Heitor estava fazendo.

Heitor estava construindo uma casa de madeira. Passou um tempinho e ele também terminou, e os dois vieram ver o que eu estava fazendo. E começaram a rir de mim, pois já haviam terminado e podiam ir brincar, enquanto eu continuava trabalhando na minha casa de tijolos. Mas eu nem liguei e continuei o trabalho.

Eu estava colocando o último tijolo da minha casa quando surgiu o Lobo Mau, e Cícero e Heitor correram cada um para sua casa.

O Lobo aproximou-se da minha casa e mais uma vez soprou, soprou, soprou, soprou. E adivinha só? Não conseguiu derrubar minha casa!

Meus irmãos pediram desculpas por terem rido de mim e agradeceram porque minha casa estava bem firme!

> Siga as orientações a seguir.

a) Copie uma frase em que o irmão mais preguiçoso realiza uma ação. Depois, pinte de 🟡 a ação e de 🔵 quem a realiza.

_____

b) Copie uma frase em que dois porquinhos realizam juntos uma ação. Depois, pinte de 🟡 a ação e de 🔵 quem a realiza.

_____

c) Copie uma frase em que o Lobo realiza uma ação. Depois, pinte de 🟡 a ação e de 🔵 quem a realiza.

_____

G e GU

1 Complete as palavras com G ou GU.

fo____ão   fo____ete   ____itarra   ____orila   co____melo

1. AMAPHOTO/SHUTTERSTOCK;
2. M.AURELIUS/SHUTTERSTOCK;
3. MEKCAR/SHUTTERSTOCK;
4. ANDREA IZZOTTI/SHUTTERSTOCK;
5. AS FOOD STUDIO/SHUTTERSTOCK

2 Leia estas palavras em voz alta.

> gasolina   manguezal   goteira   preguiça   ágata   enguiçado   vogal
> fagulha   bengala   agosto   açougue   domingo   guloso
> fogo   mergulho   guindaste   agudo   guerrilha   guelra   águia

> Agora, organize as palavras nos quadros.

ga	

go	

gu	

gue	

gui	

57

3 Ligue as palavras da mesma família.

formiga	goteira
gota	formigueiro
perseguição	perseguir
guitarra	domingueiro
brigou	guitarrista
domingo	angular
ângulo	verruguinha
verruga	briguei

▶ Circule nessas palavras as sílabas que contêm **ga**, **gue**, **gui**, **go** e **gu**.

4 Complete as palavras com **ga**, **gue**, **gui**, **go** ou **gu**.

____loso   caran____jo   se____nte   la____

____teira   es____cho   ne____ção   des____sto

bri____deiro   ____rota   rin____   se____ro

pre____ça   a____lha   man____ira   ____leria

mer____lhador   fo____ira   en____a   ____iaba

▶ Agora, escolha uma das palavras que você completou e forme uma frase com ela. Se quiser, use mais de uma dessas palavras na frase.

_____

58

1 Leia a tirinha.

a) Escreva a informação que foi acrescentada na placa:

➤ no segundo quadrinho. _____

➤ no quarto quadrinho. _____

➤ no sexto quadrinho. _____

b) As palavras que vão sendo colocadas na placa:

☐ indicam a aparência da ilha.

☐ acrescentam características aos substantivos **ilha** e **flores**.

c) Transforme a expressão **das flores** em um adjetivo.

_____

d) Como o autor fez para criar suspense na tirinha?

_____

e) O final da tirinha é surpreendente. Use outros adjetivos para completar as placas e criar um final diferente.

_____

2 Complete as frases com os adjetivos que desejar.

a) O aluno _____ conseguiu tirar dez, apesar de a prova ser muito _____.

b) Luísa e Laura são gêmeas, mas Luísa é _____, e Laura é _____.

c) Entre as flores do jardim, a margarida é _____, e o girassol é _____.

d) O pássaro permanecia _____ na beira do rio, enquanto o jacaré _____ se aproximava bem devagar.

3 Use um adjetivo pátrio para dizer onde você nasceu.

Eu sou _____.

4 Leia o texto a seguir.

Era uma manhã clara, fresca e ensolarada. Nas árvores, os pequenos pássaros, agitados, faziam barulho com seu canto afinado, agudo e envolvente. Meu despertador não havia tocado e eu corria, malvestido e descabelado, mas esperava ir bem no primeiro encontro, apostando em minha personalidade encantadora, comunicativa e amigável.

a) Circule todos os adjetivos do texto.

b) Agora, experimente ler o texto sem considerar esses adjetivos.

c) Quais diferenças você percebe entre o texto com adjetivos e o texto sem adjetivos?

_____

_____

L ou R no meio da sílaba

1 Leia a tirinha.

a) Sublinhe a palavra que aparece nos três quadrinhos.

b) Copie aquela que está escrita corretamente.

_____

c) Na palavra que você escreveu, encontramos:

☐ consoante + R.

☐ consoante + L.

d) Na tirinha, além dessa palavra, há outra que tem uma dessas formações acima? Escreva-a. _____

2 Forme palavras novas acrescentando **R** ou **L** no meio das sílabas.

taça ➡ ☐   fora ➡ ☐   fio ➡ ☐

puma ➡ ☐   tato ➡ ☐   caro ➡ ☐

3 Separe as sílabas destas palavras.

a) triciclo: _____

b) frase: _____

c) global: _____

4. Encontre seis palavras no diagrama e circule-as.

A	Ç	J	Z	W	A	B	F	F	C	G
B	K	R	C	G	N	Z	L	K	H	I
D	L	S	B	L	O	Q	U	E	I	O
F	M	T	O	A	L	Y	I	X	C	J
G	N	V	Q	U	S	T	D	Q	L	U
E	Q	X	M	C	P	Q	O	H	E	V
D	I	P	L	O	M	A	W	K	T	J
H	O	E	H	M	R	X	Y	W	E	Y
I	P	D	K	A	T	L	A	S	Ç	U

Todas as palavras têm consoante + L.

5. Desembaralhe as letras e preencha a cruzadinha com as palavras formadas.

- ○ MTRE
- □ FEPRSOSOR
- ▲ ATRECAR
- ✪ DAGRMAO
- ✽ IRFO
- ✝ ÇBAOR
- ▣ AÇRINCA
- ◉ ARUTARF
- ⌘ TORPA
- ◆ DARAVROL
- ☾ ORÃTVO
- ❀ ORBTO

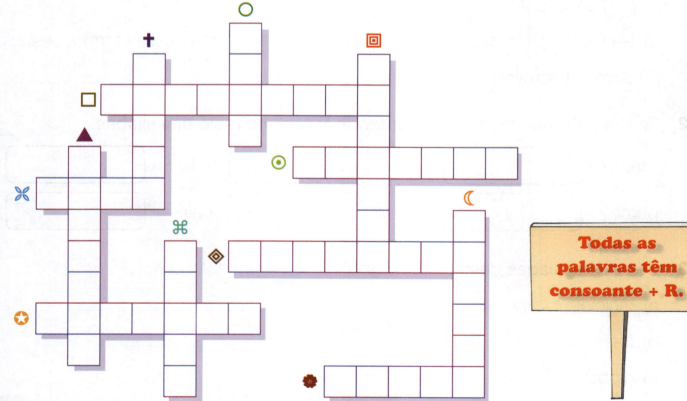

Todas as palavras têm consoante + R.

62

DESAFIO

Frederico joga futebol no time da escola. Além dele, no time há jogadores que nasceram em outras partes do Brasil e do mundo. Observe:

Jogador	Origem
Marcelinho	São Paulo
Toninho	Minas Gerais
Rubinho	Rio Grande do Sul
Neto	Bahia
Demetrius	Grécia
Jorginho	Pernambuco

Jogador	Origem
Juan Manoel	Espanha
Adrian	Canadá
Pablo	Argentina
Frederico	Itália
Marquinhos	Rio de Janeiro
Chang Li	China

Os jogadores tiraram foto para o álbum da escola, mas algumas legendas saíram erradas.

a) Sublinhe o adjetivo pátrio que não está de acordo com a origem do jogador.

MARCELINHO PAULISTA

TONINHO ESPANHOL

RUBINHO GAÚCHO

NETO FLUMINENSE

DEMETRIUS CHINÊS

JORGINHO PERNAMBUCANO

JUAN MANOEL MINEIRO

ADRIAN ITALIANO

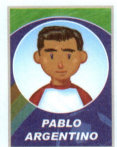
PABLO ARGENTINO

FREDERICO CANADENSE

MARQUINHOS BAIANO

CHANG LI GREGO

b) Agora, copie os nomes com os adjetivos pátrios errados, corrigindo-os.

_____
_____
_____

63

Verbo de ação

1 Ligue as imagens aos substantivos que representam as ações correspondentes.

> Depois, ligue cada substantivo à ação praticada.

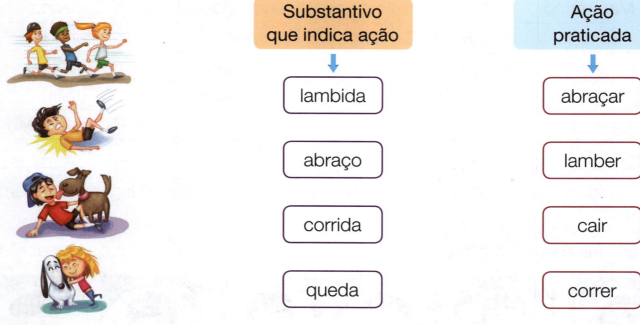

Substantivo que indica ação	Ação praticada
lambida	abraçar
abraço	lamber
corrida	cair
queda	correr

2 Quais ações são praticadas em cada situação?

> Pinte os verbos que representam essas ações.

a) Em sala de aula.

brincar	calcular	aprender
copiar	comer	escrever
perguntar	ler	dormir

b) No jogo de futebol.

perder	vender	ganhar
florir	apitar	jogar
golear	torcer	fugir

64

3 Qual é o verbo que representa a ação praticada?

a) Complete o quadro.

Substantivo que indica ação	Verbo que indica a ação praticada
sugestão	
bordado	
gemido	
debate	
correção	
depoimento	

b) Agora, circule esses substantivos e verbos de ação no diagrama.

O	Q	B	C	D	G	F	G	C	H	I	J	K
D	E	B	A	T	E	R	K	O	M	N	S	P
E	A	Z	S	Y	M	X	Q	R	T	S	U	Q
P	Ç	A	U	K	I	V	W	R	H	G	G	J
O	Q	Ã	G	B	D	C	D	I	E	F	E	D
R	U	O	E	Q	O	P	O	G	N	M	S	E
X	V	K	R	L	Ç	B	Y	I	M	N	T	P
Y	D	I	I	H	C	O	R	R	E	Ç	Ã	O
Z	E	Y	R	T	Z	R	Y	X	Z	T	O	I
T	B	O	R	D	A	D	O	P	Ç	A	S	M
Ç	A	O	J	K	K	A	G	H	Ã	O	K	E
S	T	W	T	Q	Z	R	S	T	L	B	C	N
G	E	M	E	R	J	F	Z	X	W	Y	F	T
S	Z	Y	J	H	P	Ã	S	S	U	T	R	O

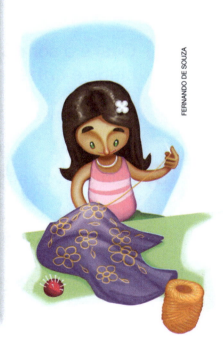

c) Escreva uma frase usando duas dessas palavras.

_____

4 Escreva o substantivo correspondente ao verbo de ação.

a) carimbar ➡ _____ b) explodir ➡ _____

C e QU

1 Escreva o nome das imagens na ordem em que aparecem.

_____

a) Qual é a letra inicial dessas palavras? ▢

b) Organize as palavras no quadro.

Letra C com som K	
Letra C com som S	

2 Qual é o som da letra C nas palavras cratera, credo, cliente, clone, clube e cruzeiro?

☐ Som K.   ☐ Som S.

3 Leia em voz alta estes pares de palavras.

faqueiro – faceiro   quinto – cinto

a) Sublinhe as palavras que têm o som K.

b) Agora, complete a frase abaixo.

Para manter o som K antes das letras E e I, usamos o grupo _____ no lugar da letra C.

4 Complete com C ou QU e, depois, leia as palavras em voz alta.

a) por____aria   d) a____ilo   g) ____rença   j) ____ria

b) ____erâmica   e) por____eira   h) por____o   k) ____ereal

c) des____anso   f) ____urioso   i) ____inze   l) re____linar

> Complete as legendas com o nome dos animais no diminutivo.

MOSCA

_____

MINHOCA

_____

JAGUATIRICA

_____

PORCA

_____

PERERECA

_____

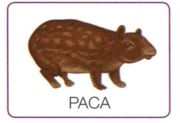
PACA

_____

FOCA

_____

MACACA

_____

Verbo de estado

1 Leia este texto.

Maria Clara estava distraída no seu quarto, brincando com a boneca, quando sua mãe a chamou para jantar.

— Maria Clara, o jantar está pronto!

— Já vamos descer, mamãe!

— Você parece cansada, filha!

— Que nada! Lola e eu estamos famintas!

— Ela ficou descabelada depois de tanta brincadeira. Igualzinha a você! Vocês duas não param...

— Lola continua sapeca, mamãe, como sempre!

— Eu sei, filha.

— Mãe, eu queria tanto uma irmã de verdade...

Márcia Braga.

a) Escreva no quadro os verbos de estado que aparecem no texto e o adjetivo que acompanha cada verbo.

Verbos de estado	Adjetivos

b) Encontre dois verbos de ação presentes no texto e copie-os abaixo.

_____

68

2 Sublinhe os verbos de estado e circule os adjetivos das historinhas.

a) O mar estava bravo e o pescador ficou assustado quando sentiu um puxão que quase o derrubou do barco. Ele pensou: "Esse peixe parece enorme!".

b) O patinho era feio, mas cresceu e ficou lindo e elegante. Ele era um cisne!

3 Coloque as palavras na ordem certa e escreva as frases.

› Depois, sublinhe os verbos.

a) réu   calado   O   julgamento   o   permaneceu   durante

_____

b) é   saudável   criança   Essa

_____

c) colega   doente   continua   Meu

_____

d) no   permanece   Ele   internado   hospital

_____

4 Leia as frases e sublinhe os verbos.

› Escreva A para verbos de ação e E para verbos de estado.

a) Os garis varreram as ruas depois da festa da cidade. ☐

b) Seu humor parece excelente. ☐

c) Eu sou tolerante com crianças e idosos. ☐

d) O ser humano maltrata o planeta. ☐

69

S, SS, C e Ç

1 Observe as palavras dos quadros e sublinhe a palavra "intrusa" em cada um deles.

> Depois, escreva uma palavra para substituir a "intrusa".

celular	carrossel
acidente	assunto
cidadão	casaco
casca	interesse

suco	canto
saia	aço
coisa	garça
símbolo	açude

2 Encontre no diagrama 16 palavras com **som S** e circule-as. Siga as dicas.

> Há quatro palavras com **S**. > Há quatro palavras com **SS**.
> Há quatro palavras com **C**. > Há quatro palavras com **Ç**.

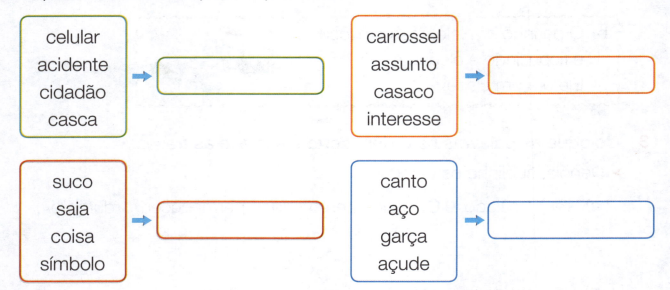

A	S	S	A	L	T	O	W	S	O	N	O
Ç	A	E	P	M	O	A	Q	E	F	Ç	H
Ú	B	L	R	S	S	B	M	A	C	I	O
C	C	O	T	U	S	C	Z	J	E	N	Q
A	D	X	V	S	E	D	X	K	B	P	S
R	O	Ç	A	T	Z	P	A	Ç	O	C	A
O	F	Y	Z	O	T	F	K	L	L	R	S
A	S	S	I	N	A	T	U	R	A	T	S
N	G	I	Ç	S	Ç	G	Y	U	M	U	U
C	I	N	E	M	A	H	K	S	W	N	N
M	K	A	Q	Y	W	I	Q	O	J	V	T
L	A	L	F	A	C	E	Z	M	X	X	O

70

3) Observe as imagens e complete o nome delas.

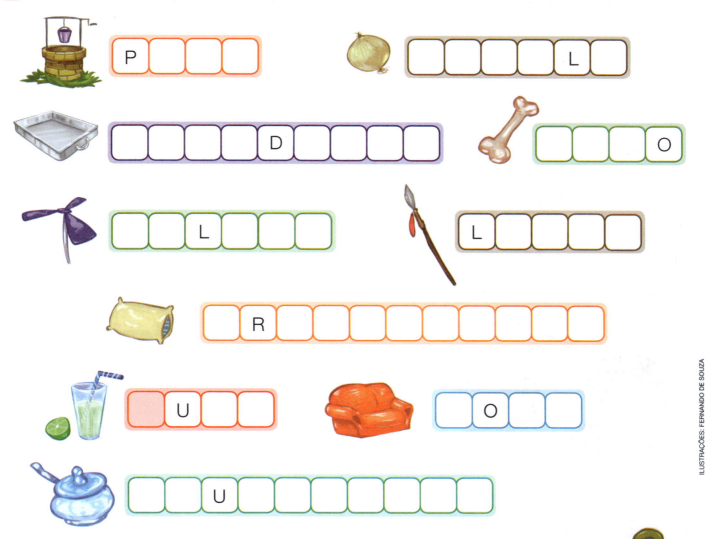

a) Pinte os quadrinhos que contêm letras que representam o **som S**.
b) Releia em voz alta todas as palavras que você escreveu.
c) Em duas dessas palavras, a letra **C** não representa o **som S**.
   Quais são? _____

4) Escreva o que se pede.
   a) Nome de pessoas com C : _____
   b) Nome de animais com Ç : _____
   c) Nome de cidades com S : _____
   d) Nome de frutas com SS : _____

DESAFIO

O diagrama abaixo foi preenchido com o nome das figuras, mas alguma coisa deu errado: não poderiam sobrar quadrinhos em branco!

T	R	A	V	E	S	E	I	R	O
D	I	N	O	S	A	U	R	O	
P	R	O	F	E	S	O	R		
G	I	R	A	S	O	L			
P	Á	S	A	R	O				
T	O	S	E						
G	E	S	O						
O	S	O							

✓ Você descobriu o que saiu errado? Complete o diagrama corrigindo os erros.

72

Dois-pontos e travessão

1 Leia o trecho deste conto.

— Mãe, me dá um amplexo?

A pergunta pega Cinira desprevenida. Antes que possa retrucar, ela nota o dicionário na mão do filho, que completa o pedido:

— E um ósculo também.

Ainda surpresa, a mulher procura no livro a definição das duas estranhas palavras. E encontra. Mateus quer apenas um abraço e um beijo.

Conversa vai, conversa vem, Cinira finalmente se dá conta de que o garoto, recém-apresentado às classes gramaticais nas aulas de Português, brinca com os sinônimos. [...]

Marcelo Alencar. Amplexo. Em: *Nova Escola*.
Disponível em: <http://mod.lk/abraco>. Acesso em: 7 jun. 2019.

a) Sublinhe no texto as frases que indicam as falas da personagem.

b) Qual sinal você observou para identificar essas falas?

_____

c) De quem são as falas? _____

d) Qual pontuação vem no parágrafo anterior a uma das falas? _____

e) Reescreva as falas de Mateus, usando os sinônimos que a mãe encontrou no dicionário.

_____

_____

2 O trecho abaixo é do livro *O fantástico mistério de Feiurinha*, de Pedro Bandeira. Nessa história, várias princesas dos contos de fadas encontram-se depois de muitos anos para resolver um mistério.

> Use os sinais de pontuação abaixo para pontuar o texto.

? ! : —

[...]

Dona Branca fez uma cara penalizada.

☐ Ah, querida Bela-Fera ☐ Meu lacaio tirou você da cama... Só que bocejos não combinam bem com a sua história. Combinam melhor com a da nossa amiga ali, a Bela Adormecida...

☐ É que não consegui dormir a noite toda. Ontem foi noite de lua cheia...

☐ E o que é que tem isso ☐

☐ Nessas ocasiões, meu marido passa a noite toda uivando para a lua. Vocês sabem, não é ☐ Ele tem saudades do seu tempo de Fera...

Dona Rosaflor Della Moura Torta Encantado deu sua alfinetada ☐

☐ Desse jeito, o seu Príncipe vai acabar virando lobisomem...

Bela-fera fuzilou-a com o olhar ☐

☐ Ele era lobisomem, sua fofoqueira ☐ Fui eu quem o fez voltar a ser Príncipe ☐

[...]

Pedro Bandeira. *O fantástico mistério de Feiurinha*. São Paulo: Moderna, 2009.

74

Uso de til e de M ou N

1 O **til** (~) é um sinal usado sobre as vogais A e O para indicar que elas têm som nasal.

vila ➡ vilã

Maça é uma arma que era usada pelos cavaleiros medievais.

> Reescreva estas palavras usando o **til** para que as vogais destacadas tenham som nasal.

a) manh**a** ➡ _____

b) gal**a** ➡ _____

c) maç**a** ➡ _____

2 Escreva outras palavras acrescentando **M** ou **N** depois das vogais destacadas.

a) fr**e**te ➡ _____

b) s**o**bra ➡ _____

c) v**i**ga ➡ _____

> Agora, escreva C se a frase estiver certa ou E se estiver errada.

☐ As letras M e N também nasalizam as vogais quando estão em final de sílaba.

3 Forme outras palavras usando **M**, **N**, **Ã** ou **ÃO**.

a) broca ➡ _____

b) fraco ➡ _____

c) lebre ➡ _____

d) faca ➡ _____

e) lima ➡ _____

f) fá ➡ _____

4 Escreva estas palavras no plural.

a) mão ➡ _____

b) fogão ➡ _____

c) avelã ➡ _____

d) lição ➡ _____

e) tobogã ➡ _____

f) grão ➡ _____

g) adição ➡ _____

h) fração ➡ _____

Verbo que indica fenômeno da natureza

1 Leia este texto.

Chuvisco de verão

Na primeira trovoada, agarrei o Cocada.
Não bastasse o trovão, tinha relâmpago e aflição.
Relampejava sem parar e não parava de ventar.
Comecei a chorar e a tremer, não aguentei.
Finalmente começou a chover e eu parei. O pior
já tinha passado.
Quando a mamãe chegou, ainda estava amedrontada.
Ela riu...
— Filha, não tenha medo, não! É só um chuvisco de verão!
— Ah, que chuvisco que nada, para mim é chuvarada!

Márcia Braga.

a) Circule os substantivos que indicam fenômenos da natureza.

b) Sublinhe os verbos que indicam fenômenos da natureza.

2 Relacione o substantivo a seu significado, de acordo com a legenda.

▸ Depois, escreva ao lado o verbo que corresponde a cada substantivo.

1. chuva   2. trovão   3. relâmpago   4. chuvisco

☐	Clarão produzido pela descarga elétrica entre duas nuvens ou entre uma nuvem e a Terra.	→
☐	Gotas miúdas e espaçadas de chuva.	→
☐	Ruído estrondoso que acompanha o relâmpago.	→
☐	Água que cai das nuvens.	→

76

3 Leia a notícia.

Fim de semana com neve no Sul

17/08/2016

Segundo a *Climatempo*, choveu, trovejou e ventou muito nos últimos dias. Mas para deixar o mês ainda mais excepcional, poderá nevar no sul do Brasil no próximo fim de semana, o que não é muito comum em agosto. Na segunda-feira, o frio será intenso e o céu ficará quase sem nuvens, permitindo a ocorrência de geada.

Josélia Pegorim. Fim de semana com neve no Sul. Em: *Climatempo*, 17 ago. 2016. Disponível em: <http://mod.lk/nevesul>. Acesso em: 7 jun. 2019. Adaptado.

Em agosto de 2013, também ocorreu neve no sul do país.

a) Sublinhe no texto os verbos que indicam fenômeno da natureza.

b) Copie o substantivo que indica fenômeno da natureza. Depois, escreva o verbo correspondente.

_____

4 Leia as palavras e organize-as no quadro abaixo.

chuva	alvorecer	animado	escorregar	gripado
anoitecer	vento	amanhecer	continuar	esquiar
neve	ficar	garoa	gelado	caminhar
agasalhar	friorento	estar	permanecer	entardecer

Fenômenos naturais		Verbos de ação	Verbos de estado	Adjetivos
Verbos	Substantivos			

77

X

1 Leia a tirinha.

TURMA DA MÔNICA   Mauricio de Sousa

› Qual é o som do **X** na palavra destacada no primeiro quadrinho?

☐ S.   ☐ Z.   ☐ CH.   ☐ CS.

2 Com as letras dos quadrinhos, escreva palavras em que a letra **X** tenha o mesmo som da palavra destacada na tirinha.

› Você pode repetir as letras quantas vezes for preciso.

C	A	I	N
X	L	Ã	U
O	T	E	G
R	D	Z	B

_____ _____
_____ _____
_____ _____
_____ _____

3 Observe as figuras e reflita sobre a escrita do nome delas.

a) Circule a figura que não faz parte desse grupo. Justifique sua escolha.

_____

b) Escreva uma palavra em que o **X** tenha o mesmo som que tem na palavra **crucifixo**. _____

4 Leia este texto.

Como se escreve?
CAFÉ EXPRESSO OU ESPRESSO?

A palavra *espresso* (com o **s** no lugar do **x**) não existe nos nossos dicionários, mas é assim que aparece escrita na maioria dos bares e restaurantes do Brasil, com a grafia da palavra em italiano, porque as máquinas para se fazer esse tipo de café, em geral, vinham da Itália. Em português deveríamos escrever expresso. [...]

Rosane Pamplona. *Almanaque pé de planta*. São Paulo: Moderna, 2013.

a) Sublinhe no texto as palavras escritas com **X**.

b) Qual é o **som do X** na palavra **expresso**? _____

c) Qual é o **som do X** na palavra **existe**? _____

5 Siga as pistas e complete a cruzadinha.

- a Contrário de mínimo.
- b Fruta de gomos.
- c Tem no ar que respiramos.
- d Instrumento musical.
- e Tipo de salgadinho.
- f Aparelho para apagar incêndio.
- g Tipo de pontuação.
- h Animal aquático.

DESAFIO

O editor do jornal *Tem de Tudo* cometeu alguns erros ao escrever os anúncios.

✓ Encontre e circule as palavras erradas.

✓ Agora, copie as palavras que encontrou nos espaços correspondentes, corrigindo-as.

SAÚDE →

BAZAR →

ATENÇÃO! →

GOSTOSO →

JANTAR →

DIVERSÃO →

NA MÃO →

FESTA DE PEÃO →

KIT BEBÊ →

80